Marquises

Willy MISSONNIER

Marquises

avec 7 illustrations de Gaspard Merckel

et dessins de l'auteur

© 2014, Missonnier, Willy
Edition : BoD - Books on Demand
12/14 rond-point des Champs Elysées, 75008 Paris
Imprimé par Books on Demand GmbH, Norderstedt, Allemagne
ISBN : 9782322035397
Dépôt légal : août 2014

les belles choses demeurent...

Sable

Un grain de sable sur une plage
Que du blanc, doré, orange dans les parages.
Fondu sous le soleil d'après l'orage,
Minuscule charbon ardent sous un mirage.

Un grain de sable dans un jardin
Humide et frais sous les aiguilles de pin
Caresse les pieds comme un léger satin
Et s'immisce sous les cotons du soir câlin.

Un grain de sable dans ma main
Appelle ses frères restés au loin
Et m'invite à revenir sur cette plage
Et marcher pieds nus dans ce jardin sage.

L'ombre

Une ombre que j'aperçois
En cherchant la silhouette
Un sombre émoi
Les nuits de fortes tempêtes
La digue sous mes pas lisse
Aucune rampe les yeux plissent.
Pas de lutte contre l'océan
Se laisser emporter par le courant
Se noyer dans la houle
Nourrir toute une foule
Des oiseaux blancs au bec jaune
Un chapitre monotone
Couler dans le monde du silence
Retrouver les sons et leur sens
Traverser le fil en équilibre
Sur toutes les digues, être libre.
Où es-tu ?

Un galet

Un galet posé
Dans une des anses de la baie
Un jardin zen de sable bai.
Un air salé sur la peau
Le soleil qui rend le monde beau.
Des reflets argentés dans les rochers
Des coquilles dans les algues séchées.
Assis sur la plage, les pieds dans l'eau
Il suspend le temps et revit, léger.

Humer

Souventes fois je rêve
Au toucher du pain chaud
Maintes fois je suis frêle
Sous des souffles si beaux.

Alors je fuis en douce
Yeux fermés cœur ouvert
Je veux les vivre tous
Ces sourires sans dévers.

Au laitier il s'immisce
Le frisson insensé
Dans l'aube qui plisse
Les cils lourds embrumés.

Souventes fois je perds
L'envi du doux pensé
Maintes fois je reste
Las et là tant peiné.

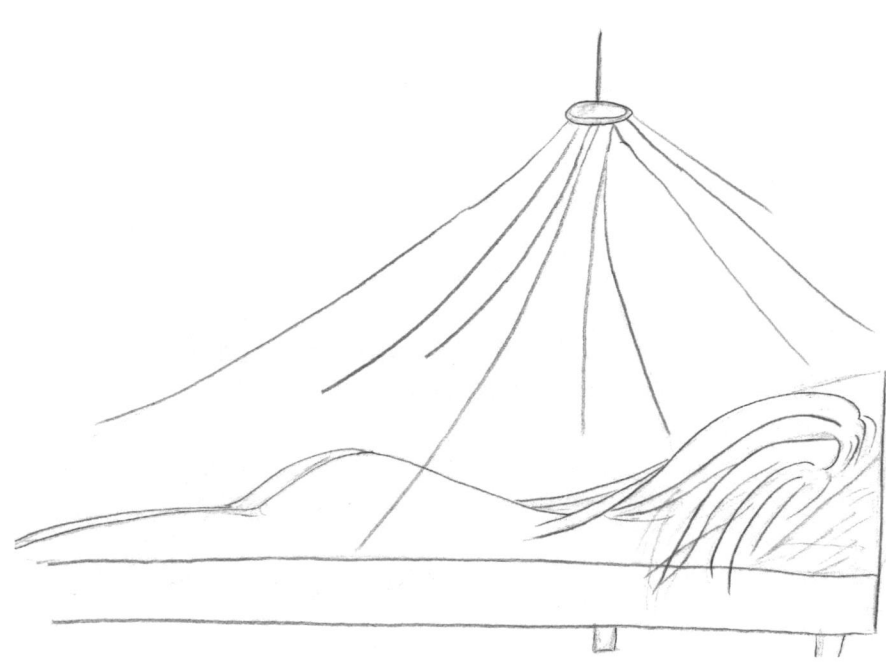

Amour

Amour se perd en conjectures
« Qui me mérite s'égare tant
Nul ne me piège à l'usure
Le distrait me saisit en passant. ».
Amour s'ennuie de ces amants
Trop pressés, jouisseurs de l'instant.
Il se complait de tous ces moments
Filés et libres au cours du temps.
Amour s'offre enfin un jour
Au triste hère avili et vain
Errant et vacillant toujours
Entre clair présent et triste demain.

Amélie

Amélie mains dans la blanche farine
Poitrine ronde tressaillante, on devine
Les attentes déçues, les larmes menues
Mais elle retentit et son prénom « Amélie »...

Les peurs la gagnent et la vie aussi
Alors elle sourit Amélie, court à cette fenêtre
Court vers la porte : il est là peut-être
Lui l'attente voulue, les yeux à nu.

Et elle tourne et sourde la musique
Comme les doigts dans ses cheveux courts
Quand elle flotte dans une aube magique
Les lèvres tremblotantes comme atour.

On l'envie Amélie, ce cours d'images
Et ces sourires jamais futiles
Qui tuant le temps hémophile
Rendent les maux plus sages.

Mignonne de Junon

Amandes de charbon et bouche ibérique
Les miens ne retiennent une plongée délicieuse
Les chemins et les gués me sont empiriques
Et le carrefour est une zone dangereuse.

Courbes et virages sur une joie gironde
Assouplissent les rides du lion et sèchent la faconde
Pour un séjour fantôme en un lieu convoité
Que Ponte dei sospiri le prisonnier a oublié.

Chaque jour que je les croise
Ils m'envoutent ces cils voluptueux
Chacun de ces jours mon ardoise
S'allonge d'un plaisir malicieux.

Un jour pourrais-je m'avancer
Et dire d'un souffle un mot
Qui fera cligner et plisser
Mon désir et ses joyaux ?

Les mensonges

Il agite ses couleurs des jours bleus
Pour tromper l'assistance esbaudie
Jouant des tours et contours jolis
Arabesques et grands jours heureux.

D'une main l'autre l'histoire nait
Riche de pacotilles recyclées
A éblouir l'auditoire sournois et cynique
Qui ne se lasse de laisser couler le Titanic.

Abysses et grands envols
La résistance ne redécolle
Que pour mieux effacer
Toute folle envie d'espérer.

Les versets de la dame en noir

Elle me regarde et me dévore
De ses ombres suaves, la mort,
Au virage elle sourit
Je lui tends la main et je fuis.

Le flot m'étourdit elle m'adore
Alors je sombre elle m'implore
Mes miscellanées l'amusent
Autant que mon temps sèche et s'use.

Je la désire et je tremble d'envie
Elle aguiche le chevalier engourdi
Un jour je la rendrai heureuse
En une journée grise et vertueuse.

Le fil d'Ariane

Elle vient de ses doigts sages
Procurer le plus doux massage
Délassant les muscles stressés
Et susurrer quelques idées éhontées.

Elle caresse ma nuque engourdie
Glisse autour des épaules réjouies
Des sensations suaves si sensuelles
Quand bienfait et plaisir se mêlent.

Elle s'allonge alors lentement de tout son charme
Enveloppant le mien offert et sans arme
De mes cheveux au creux des mains je la ressens.

Je ne peux bouger craignant manquer le moment
Charnel, l'abandon jouissif, intense et léger
Où elle m'emporte enfin dans un mensonge voilé.

Le miroir

Un jour je suis si vieux
Le blanc est nuit soudaine
De jour je suis envieux
En noir la fuite est saine.

Elles courent et meurent abscondes
Coulant dans l'arène baie
Elles effleurent et abondent
Les racines sans étais.

Un jour je suis si pieux
Le blanc est dit moderne
De jour je le suis peu
En noir la suite est reine.

Béatitude

Une vague dans une baie ?
Du sable dans deux maracas ?
Des ballons prêts à s'envoler
Ou deux poussins qui dans leur nid s'agacent ?

Des pêches dorées sous le soleil
Ou une coupe de fruits glacés ?
Un reposoir pour tendre sommeil
Ou juste le plaisir de mains de pâtissier ?

Deux tourbillons disant : « Tu oses ? »...
Non, quelques grammes de dentelle
Posés sur ses hanches de demoiselle
Là, sous mes yeux en hypnose.

Cantate

Si l'amour est enfant de la haine
Moi je ne veux être un problème
Et trembler sous la foudre qui se déchaine
Qui a mes enfers me ramène
Et me rend blême.

Quand un cœur se fend sous l'attente
Au terme d'une recherche impatiente
C'est souvent la mort qui est latente
Minorant mes jours qui s'éventent
Dans la tourmente.

Je n'aspire à rien de grand pour demain
Rien de plus que ne contient une main
La douceur d'une paume en chemin
Vers un sourire qui m'est peu commun
Oui, si peu commun.

Ad memoriam

J'arrive, pas très fier de moi
J'arrive, je voudrais que tu sois là
Comme si la vie n'avait pas changé
Comme si la vie c'était recommencer.

Je glisse un peu plus à chaque fois
Je visse tous les écrous derrière moi
Comme si la lune m'abandonnait
Comme si tu n'étais jamais né.

Il des vies qu'on utopise sans émoi
Il est défi le jour sans éclat
Mes nuits sont mortes à peines dévoilées
Mes nuits sont grises à tant filer.

Et je reste à regarder sans cesse vers toi
Je chimérise ton aide comme un soldat
Qui tuerait ces putains d'espoirs envolés
Et mes chutes sans cesse renouvelées.

D'après N. Sirkis

L'esprit des vagues

Ses yeux étaient l'exil
Etaient-ils bleus ou verts
Penser était inutile
Tant ils semblaient la mer

Un geste unique en mon monde
La foudre serpente en ma colonne
Et sourde fraîche cette onde
Me laissant envahi et aphone.

Que de regrets de n'avoir sauté
Dans ce bain glacé et grisant
Tant de barrières surgissant
Résistées aux dogmes éculés.

Cette douceur et la main épaulée
Nul ne saurait jamais leur prix
Tant elles restent vingt ans passés
Une sensation aux déliés infinis.

L'écume

Mon cœur est plein
Il est livide
Sant tort ni tain
Une mort sylphide.

Mon cœur est vain,
Il ne décide
Ni port ni saint
Un sort miscible.

Mon cœur s'étreint
Sans fil humide
Usure d'étain
Et sels acides.

Tarentelle

Viens me chercher et emmeurs moi
Creuse les vertiges et les terreurs
D'enamours et de noviciat
Abonde et vient fleurer la peur.

Dessine une tresse d'épines
En ce chef décapité et flétri
Relis les fils secs des racines
Et abois le fiel des lavis.

Ta nouvelle aube est fétide
Danse sur tes épopées de miel
Ton sang éteint les eaux turbides
Remets tes longs jeux au fidèle.

Mon madrigal merlé

Tu ne quittes et je reste à toi
A déguster en délice tous tes doigts
Dans un doux supplice sur ta peau frémie
Nos vœux s'unissent et nous savourons nos dits

Alanguis je flâne le long de tes sillons,
Fertiles en plaisir et en toutes émotions
Je crisse sur tes draps si froissés
De nos longs élans ensauvagés.

Sur mon épaule ton sommeil court
Que je ressens les yeux clos d'amour.

Tourbillon

Les merles chantonnent leurs doux madrigaux
Sur le vert chemin des quatre routes
Les senteurs s'envolent en un tour de mots
Dans un air matinal qui envoûte
Je marche parmi ces discussions entremêlées
Pas à pas plein de doutes
Mais je relève la tête avec la volonté
De céder à une nouvelle ère de joutes
Les merles entonnent une mélopée
Toute en nuance elle me ravit
Je prendrai un nouvel envol en vie
Le noir sera atone et le sourire rivé.

Promenade par les puys d'Auvergne

Alors que je badais par les vallons frémissants
Sous les souffles haletants d'un été naissant,
Je me laisse aller à sonner le dormeur du val
Traversant le riant bocage que, pressé, je dévale.

Ensemble nous devisons et lisons le braille,
Au soleil, quand midi est à la pendule
Riant et secouant le berceau qui baille
Pendant que le Pape peaufine sa bulle.

Galopant sur un chemin entre deux puys,
Les compagnons de fortune sont heureux :
Partage et cris de joies sont nombreux
Quand les joyeuses retrouvailles sont jolies.

Car il n'est point utile d'attendre alors
Que du fin jacquet l'on mire le poitron
Pour changer un bel oiseau de décor
Et se réjouir de grandes agapes à foison.

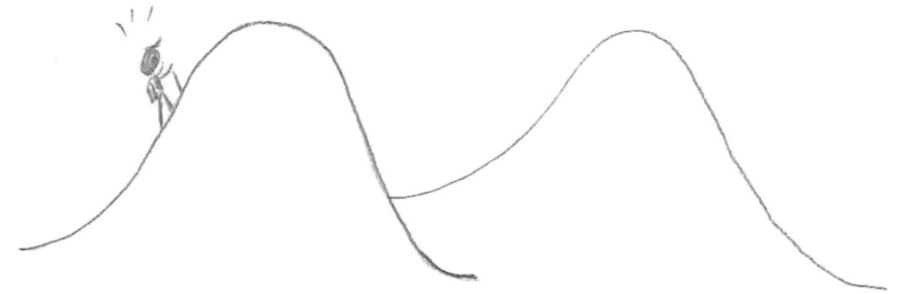

Ôde

De sentes en senteurs les sens errent et hantent
l'essence
Du jour glissant parmi les joncs de Chine
De mélopées en fragrances les pores balancent
D'un goût à une nouvelle saveur mutine.

Perdu dans les nimbes de deux aigues-marines
Les libations invitent à la bienséance
Et se laisser porter au vent des jaïns
Que la nuance frissonnante crée au sapience

La rareté du temps soutient la juste élégance
Et laisse marcotter les fines racines
D'autre échange sans tain à la belle licence.

Ses hauts talons

Des gouttes d'aura, jeu sur un velux,
L'épeiche cherchant son luxe,
La grêle sauvage d'été bien leste :
Ses hauts talons sur les tomettes.

Un moustique joyeux madrigal
Une menthe frisson glacial
Un sourcil levé, c'est la fête,
Ses hauts talons sur les tomettes.

Un vif refrain de tarentelle,
Des ailes de demoiselles,
Les yeux fermés sourire en tête :
Ses hauts talons sur les tomettes.

Humides estivales acouphènes,
Perfides phénomènes,
Mâles et primales rêvées requêtes,
Ses hauts talons sur les tomettes.

Cerbère assis le regard noir :
Coq en rut craint le soir.
Echos félons félines fossettes,
Si beaux talents, rougies pommettes.

En guêpe hier (hommage aux piqueurs des hôtels-dieu)

Ah ma mie en cette couche blanche je souffre.
En mon sein le feu brûle, il arde ses pinces,
Œuvrant sa malice en amant jalmince.
J'halète mes ternes douleurs de vils souffles.

Quelle est donc cette douce caresse
Qui avec lenteur ma croupe parcourt
Pour finir d'une tape sur ma mollesse ?
Vilénie subreptice d'une pique au long cours...

Mes yeux faiblissent sous les soleils blanchis
Ma mie, on dévoile ma vertu !
J'ouie un frelon qui vrombit
Et s'amuse : ma guillerie est mise à nu !

Que de glace se balade sur ma peau
Le saigneur visite mes domaines
Je sens qu'avec force on malmène
Mes entrailles, mes estimes et mes maux.

Est-ce un beau sourire ou un masque
Me fixant une torche à la main
Est-on déjà à demain
Ou bien encore quelques mauvaises frasques ?

Non, point de sournoiseries encor
Un gentil minois vers moi se penche
Et d'un geste tendre ma soif étanche
Je sombre dans ses yeux d'or.

La gente dame aux sabots bleus
S'étonne de mon éveil si prompt
Je ne peux qu'aiguiser mes yeux
Et donner du change à la pâmoison.

Ah douces donzelles enblousées
Si des nuits valent bien des jours
C'est en votre compagnie confié
Que le feu change de parcours...

Le reflet du miroir

Quel est cet autre qui me déroute
Il vient vers moi et je doute.
Dans mon esprit il n'est rien
Que mon ombre.
Un intrus dans le perfide équin
De Troyes sombre.
L'ennemi dans mon espace vital
Joue de mes repères
Je crains qu'il ne me soit fatal
Mon cortex désespère.
Dans mon pré l'herbe est folle.
On le voit, je m'en désole.

Je ferme les yeux, je ne le vois plus.
Je ferme les yeux, je ne l'oublie plus.
Je parle un peu, je ne sais plus.

J'ignore cet autre qui m'outrage,
L'herbe du pré alors devient sage.

Ecoute mes mots, je t'endors.
Regarde mes yeux, tu es mort.

Gaspard Merckel

L'innocent

Le monde se fait parfois perfide
A l'exception du pauvre Candide.
Le rose et les fleurs dominent
Dans la cérébralité infime
De cet être parfait aux jours heureux
Où le ciel ne peut être autre que bleu.

Candide a une maison fragile
Il vit dans un palais.
Candide panse les lézardes qui filent
De caresses négligées.
Candide a un ami sincère
Et toujours reconnaissant
Candide suit son mentor de fer,
Parmi les ombres, obéissant.

Dans le monde les valeureux se montrent
En assemblées utiles et stimulantes.
Dehors les avancées sont bien plus lentes
Tant les miséreux regardent leurs montres.
Les petites révolutions du quotidien pour lui sont vaines
Quand les acteurs se rêvent en briseurs de chaînes.

Candide voudrait s'élever en meilleur
Et suivre son ami encore
Candide sur le temps glisse comme sur du beurre
Toujours dans un rance décor.
Candide aime voler très haut
Pour frôler les rayons du soleil
Candide a les yeux mi-clos
Quand le monde sort du sommeil.

Un jour un monde sortirait de l'île,
Solitaire, où il se complaisait.
Un jour le monde deviendrait docile
Légionnaire ovin qui obéirait.
Tel est le rêve auquel Candide dit oui
Tel est celui que son ami bénit.

Candide est un béni, oui.
Oui, on le sait.

Gaspard Merckel

La fugue

On lui disait les étoiles dans le ciel sont belles.
Elle a cherché le cygne.
Mais c'est une cigogne qui a déployé ses ailes
Dans le vide.
Elle croyait. Sur son dos elle allait voyager
Une carte à puce pour des mondes rêvés.
Elle a longtemps cherché le numéro de code
Elle ne l'avait pas. Adieu l'exode.

L'ascenseur est vide, à son heure.
Les étages défilent rayon pleurs
Le groom remonte sur la lune
Sourire léger et cœur de plume.

Le mois de mai repassent les ailes noires
De la grande blanche mais déjà elle part.
Colombine romance sur son clavier
Pour qu'on l'écoute
Et c'est la touche entrée
Qui conduit en soute.
Son écran bleu reste allumé sur des images délitées.

La terre est pâle sans bonheur
Elle n'en voyait plus les couleurs
Les feuilles s'abîment sans clameur
Le soleil plisse ses yeux de brûleur.

De la rive elle veut sauter sur le bateau
Pour la prochaine île un trésor sous le manteau.
D'Afrique c'est un marabout servile
Qui ferait le deal pour une attente fébrile.
Mais il lui dit la vie n'est pas l'internet
Des idées mélangées…faire le ménage dans sa tête.

La jeune fille a cessé de pleurer.
Quand la cigogne s'est posée
Tout l'hiver dans les marais
Dans sa Venise de papier
Plus besoin de gondolier.

La jeune fille a cessé de pleurer
Les nuits les jours se sont calmés.
Le corps comme un fugueur retrouvé
La jeune fille s'est réveillée.

La petite du député

Votre jupon titille mes bacchantes
Qui se promènent auprès de vos mignonnes chevilles
Est-ce une tendre invite ma foi tentante
De flâner sous le second quand mon vit vacille ?

A voir vos doux jacquots potelés
Mon sang agitant mon feuilleté
J'y planterais bien mes grandes ratiches
Mais votre légitime y verrait la triche.

Diou je sens la chaleur dessus mon chef !
Ou bien votre fleur est-elle tropicale ?
Il me faut donc bien sortir Bucéphale
Pour l'y souler à grands coups de zeph.

Ma danseuse c'est bien le moment de guincher
Perchée sur un mat branlant
Hardis soient les vents je navigue au doigt mouillé
La houle est forte maintenant.

Ha le jaffin a fait son office, l'orchidée est rafraîchie,
Posez donc en ma place d'armes vos petits rondelets.
Je dis qu'on doit y revenir tous les mardis et jeudis,
Un dabe jonquille n'est beau que bien corné.

Mon cher amour

Tel pourrait être le titre de la missive
Ce fin papier, qu'il me poursuive
Entre le mur et la nécessité
Il n'est pas sûr qu'il soit posté.

Deux viennent tant qu'alors
Le sommeil n'est plus d'or
On y pêche doute et surraison
La nier toute n'est qu'illusion.

Tel pourrait être le titre atone
Que dans son hâvre il marmonne
Les pieds d'argile verdis du temps
Le souffre fragile, l'horizon est blanc.

Deux restent au loin alors,
Dans un chœur sans débords,
Serait-ce le doute ou l'illusion
Tout désir peine fort la raison.

Maïtena

Au loin, si fraîche, l'onde salée ne cesse de rafraîchir
Ma main endormie sur le banc de sable d'or.
Bercé par le doux ressac sur les piles du port,
Je rêve que les chevaux du pont se mettent à hennir.

La pluie de fin d'été redouble soudain,
Mais je reste sous les doigts du palmier,
Laissant l'eau glisser sur le tissu si fin
Que la moiteur de la baie finit par me gagner.

Tu arrives enfin, légère, dans ta robe foncée
Par l'orage qui cesse déjà.
Et, de ta jolie bouche grenat
Les mots m'envoûtent et je ne peux m'empêcher,
Laissant mes yeux divaguer le long de ton corps,
Conquis par l'envie naissant de mes sens gourmands,
De penser t'emmener bien vite dans d'autres décors,
Se laisser flotter comme deux corps morts,
Fusionnés à faire fondre l'or.

Je veux t'entendre encore parler
De ta journée dans les pommiers
Voir tes mains en douceur cueillir
Ton dos sous l'effort tressaillir.
Pouvoir tendrement te réconforter
Tous deux serrés fort contre les rochers.

Tes mots roulent comme les coquillages
Emportés par les vagues du rivage
Les miens se mêlent et chahutent, malins,
Révélant ton rire et tes yeux mutins.

Ta main fine chavire mon esprit
Et je savoure chaque moment de cette vie,
Grimpant ensemble l'Urgull et ses sentiers,
Feignant d'ignorer les feuilles déjà tombées.

Autour du café et des marconas suaves,
Ton regard se fait parfois grave.
Sous les boucles noires je devine, je sais
Ce qui me rend triste ce beau visage mordoré.
Plus de mots, les regards suffisent
Tant de choses qu'on ne se dise…

Vers la lumière vive venant de la rue
Tu te lèves et t'éloignes comme tu es venue.
Ton image fugace se délite avec le soleil
Et je m'agace de ne trouver le sommeil.

Les traits irisés par le néon coulent trop vite
Sur la vitre de ce miroir sans tain
Je m'abandonne au temps qui passe, malsain,
Dans cette voiture, où les regards s'évitent.

Claire obscure

En descendant de la forteresse malouine,
Je vis un dos couronné d'une chevelure admirable.
L'air me renvoyait un parfum sublime
Mêlé d'embruns et d'une douceur aimable.

Je pris dans mes bras ses épaules désirées
Et la serrais tendrement, le regard au Grand Bé.
Alors je me lançais dans un compliment facile ;
Parlant d'un souffle et d'une voix malhabile.

Je lui disais que son regard et sa bouche me troublaient,
Que mon âme enfermée en était retournée
D'un mot, d'un geste elle me passionnait.

Je lui disais que tout ceci n'était que nécessaire,
Que le soir, le matin, elle comblait mon désert.
Mon audace n'était peut-être que pour cesser de rêver.

Rien ne dépendait plus de ses yeux princiers
Et, d'une rose, ma folie je venais terminer.

L'acrostiche des libertines

Audience de marbre et lumières tamisées
Usant de charmes nouveaux de femmes naissantes,
Dentelles blanches sur de fins et peu sages corsets,
Roulant des hanches aux courbes douces et dansantes,
Elles volent autour de moi, je suis le renard noir.

Ysopets charnels, elles papillonnent,
Le sway manzanal s'harmonise et se donne ;
Unaire liberté mainte fois frissonnée.

Chacune ôte sa juvénile mémoire de fillette
Ivres d'air virevoltant dans des boucles parfaites,
Et les chamades battaient fort sous les soleils noirs...

Le badinage du merisier

Ma douce, ma tendre, ma diane Marquise,
Hâtez-vous, que vos petits pieds vous conduisent
Encore aux bois touffus où le loup se déguise
Pour croquer le renard avide de merises.

Nous irons çà et là où se vit l'osmose
Du chant des feuilles bercées du parfum des roses
Et du haut de ces collines ou le tan se pose
Je serai le pâtre de vos métamorphoses.

Le soleil pénètrera cette voûte exquise
Qui couve votre derme à la blancheur requise
Et si l'envie et sa folie sont de mise
Sieur Goupil viendrait bien goûter à ces merises ?

Gaspard Merckel

Ôde à ma brouette

Que le long de vos volutes glacées
Mon derme frissonne encor
De vos douces courbes affamées
Je me réjouis les yeux d'abord
En votre âme accueillez mes larmes,
Riches de nos efforts serviles.
Mirez lasse mes souffles de charme
Humides et chauds, lents et débiles.

Ô votre ventre généreux
Dans lequel je me glisse
Tel un félin soyeux

Ô vos bras si fins et sérieux
Appelant l'homme qui s'immisce
En votre sein vigoureux.

Chère, que votre amplitude inspire
Tout être de délices affamés
Entre la paille les foins et les rires
Je m'en irai bien vite vous le conter.

Impatience

Marquise ô Marquise
C'est tout au bout de vos doigts si fins
Qu'alangui sur votre robe exquise
J'irai chercher l'amour divin
Qui en un rien parfois se déguise
Ô miracle, toujours au creux de vos deux seins.

Marquise ô Marquise,
Quand la furie en nous va et vient
Emplie de moultes et courtes vocalises
Et que le long roseau se fait d'airain,
Tout prince je me vassalise
Et me rends à vous corps et biens.

Mignonne ô mon empire,
Que le temps me donne maints profits enfin
A vous visiter à notre guise
Mon printemps tourbillonne en mes reins
A désirer vos gorges qui m'attisent
Assouvissons sans mot dire toutes nos faims

Marquise ô mon église
J'irai, à genoux, rampants à vos menus pieds,
à confesse sous votre vertugadin.

La danseuse

Elle tourne sur le parquet glissant
Sautant de table en table
Elle se penche parfois impudiquement
Séduisant les convives affables.

La douce métisse joue de ses formes
Pour laisser échapper du bonheur
Que s'empressent de goûter les hommes
La dévorant de leurs yeux dragueurs.

A la fin de son tour elle ralentit
Tous ses mouvements fluides
Mais les hommes avides
En redemandent pour la longue nuit.

Venue seule, la belle cubaine minaude
Et taquine ses hôtes qui, d'une chiquenaude
L'invitent à se pencher une dernière fois
Et leur couler du plaisir, la tête sur le bois.

Gaspard Merckel

Western

Come on dans notre west side
Aime honore, la death valley
Jamais je ne suis Clyde
La mort n'est pas préparée

Come on live and hide
Les esquisses à peine dévoilées
Je suis prêt pour un ride,
Sauvage, guns on the way

Fais dix pas et tire, je suis ton homme
Tes doigts fébriles, je suis ton homme
Si tu trébuches, reviens aux adieux
Si tu es prude, ferme les yeux

Get off toutes ces armures
Mes dents sont acérées
Et le vent chaud toujours dure
Le long des canaux brûlés

Get off toutes tes paliures
Sodome est vénérée
Nous n'irons pas à l'affure
Sois leste et si exaltée

Fais-moi face et vibre, je suis ton homme
Les gâchettes humides, je suis ton homme
Si tu abdiques prends ma couronne
Je revendique toutes les add-on

Double volte, je suis ton homme
Et sans révolte, je suis ton homme
Abandonne, la mer est pleine
La nuit rayonne till the end.

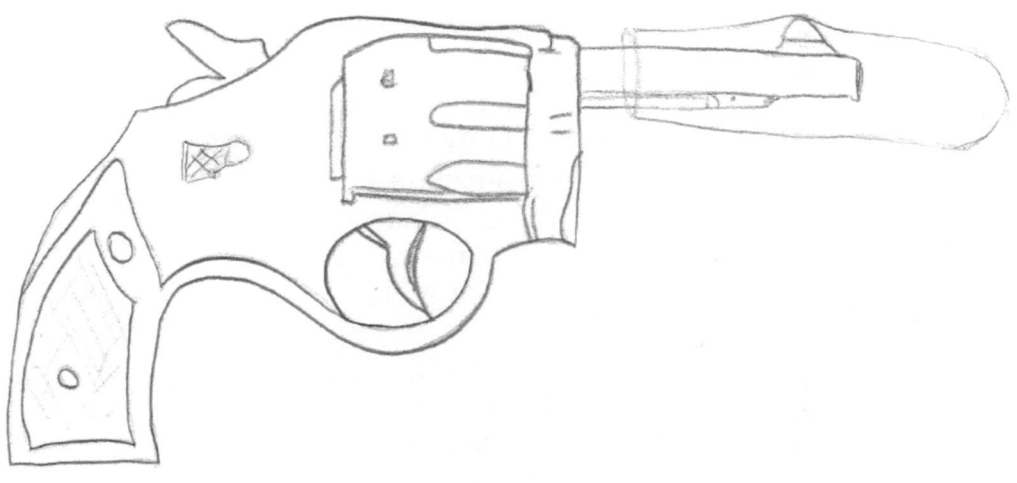

Dernière (concaténation)

Libertins
Teints et clairs
Clés requises
Isolats
Las évidents
Danse mêlent
Hélent sans médire
Irrésolus
Galanteries
Ri de nous
Noue marine
In et off
Ophtalmies
Mi-semainières
Hier encore
Corps à nu.

Dévisage
Ages en fleur
Leurres et prix
Prisonniers
Nier le tout
Toussotements
Mentions d'honneurs
Heur et vertu.